金剛般若波羅蜜經

읽고 쓰는 새로운 금강경 사경노트

편저자 無一 우학 큰스님

B.U.D 山海세계명상센터 해룡일출大관음사 16나한

金剛般若波羅蜜經

읽고 쓰는
새로운 금강경 사경노트
(한자음 쓰기)

편저자 無一 우학 큰스님

도서출판 좋은인연

금구성언
참된말씀
아뇩다라삼먁삼보리

세상에 있는 수많은 책들 가운데에서 우리 인생교과서로 삼을 만한 책이 있다면 금강경이라고 말하고 싶다.

세상의 복잡한 문제들을 한꺼번에 경험하던 20대 초반의 젊은 시절, 우연히 금강경과 인연을 맺게 되었다. 수억겁 잠든 영혼을 뒤흔드는 광활한 진리의 말씀에 우주 허공의 세계와 하나 되는 충격을 받고, 잠을 이룰 수가 없었다. 그 후 많은 논서를 통해 금강경의 세계를 확립하려고 정진하였다. 현재 우리가 접하고 있는 금강경은 구마라습 스님이 산스크리트어(인도 고유 고급어)를 한문으로 번역한 책이다. 전부 5천여 자(字)로 이루어져 있으며 불교사상의 핵심인 '반야(般若)를 통한 공(空)의 세계'를 극명하게 드러내고 있다. '공'이란 말을 한마디도 쓰지 않으면서 전개되는 공의 이론은 대단히 논리적이다.

불교에 있어서 반야와 공은 불가분의 관계인데, '반야'란 우주 실상의 모습을 있는 그대로 관조하는 능력이라고 볼 수 있으며, '공'이란 모든 세상이 시간적 공간적으로 모두 연기(緣起)되어 있으면서 개체 스스로는 실체가 없는 세상의 질서를 나타낸 말이라고 볼 수 있다.

그러면, 이 반야와 공은 궁극적으로 무엇을 우리에게 가르치는가? 바로 '무집착(無執着)의 자비행'이다. 금강경을 잘못 보면 자칫 염세주의, 허무주의의 소승경전이라고 착각한다. 우리는 이 경을 접하면서 늘 이 점을 경계하지 않으면 안 된다. 금강경은 대승경전이다. 자기 욕심, 자기 한계로부터의 탈출을 대자유(大自由)라고 한다. 이것이 무집착이며 무심인 것이다. 금강경은 시종일관 이 대자유를 노래하고 있다.

요즘의 사회 범죄, 노이로제, 정신 질환 등이 대부분 맹목적인 자기 집착에서 비롯된 것임을 생각하면 이 금강경은 현대를 살아가는 우리 모두에게 얼마나 중요한 경전인가 새삼 느낄 수 있을 것이다. 자기 집착을 떠난 대자유는 저절로 자비행이 될 수밖에 없다. 대자유는 모든 시간, 공간 속에 자기 자신을 한꺼번에 던져 넣는 일이기 때문이다. 즉, 부처님과 하나가 되고, 신과 하나가 되고, 모든 사람과 하나가 되고, 모든 자연과 하나가 되는 일이기 때문이다.

이 금강경은 불교 교단의 수행 방향 설정에서도 단연 독보적 위치를 점하고 있다. 불교의 종단들은 제각기 소의경전(所依經典), 즉 주로 의지할 바 경전을 채택하고 있는데 현재 우리나라에서는 조계종을 비롯한 많은 종단에서 이 금강경을 소의경전으로 채택하고 있다.

그러므로 종단의 흐름은 다분히 금강경적 분위기로 흐를 수밖에 없으며, 선종(禪宗)의 빛깔을 나타낼 수밖에 없다.

불교의 핵심은 반야인데 이 금강경은 '반야의 획득'을 강조하고 있다. 반야의 획득으로는 선수행이 적합하다고 여겨졌기 때문에 금강경과 조계종 같은 선종과는 밀접한 관계가 될 수밖에 없다. 선종의 유명한 육조(六祖) 혜능(慧能) 스님은 금강경의 한 구절에서 발심하여 그의 스승 홍인대사(弘忍大師)로부터 금강경 수업을 받기도 하였다.

우리는 이 금강경을 통해서 대자유의 세계, 깨달음의 세계를 만끽하리라고 본다. 그러므로 금강경은 인생교과서이다.

無一 우학 합장
금강경 핵심강의 머리말 중에서

금강반야바라밀경

금강의 지혜로
부처님 세계에 이르는 경

法會因由分 第一

법회인유분 제 일

아난인 제가 다음과 같이 들었습니다. 어느 때에 석가모니 부처님께서 사위국의 기수급고독원에 계실 적에 큰 비구 스님들 천이백오십 분도 함께 계셨습니다. 여느 때와 같이 부처님께서는 공양 드실 때가 되어감에 따라 가사를 수하시고 바루를 챙기시어 사위성으로 들어가셨습니다. 그 성안에서 차례로 탁발하시고는 다시 본 처소로 돌아오셨습니다. 공양을 다 드신 후, 바루를 거두시고 가사를 벗으시었습니다. 그리고는 발을 씻으시고, 자리를 펴 앉으셨습니다.

여	시	아	문	일	시	불	재	사	위	국	기	수	급
如	是	我	聞	一	時	佛	在	舍	衛	國	祇	樹	給
고	독	원	여	대	비	구	중	천	이	백	오	십	인
孤	獨	園	與	大	比	丘	衆	千	二	百	五	十	人
구	이	시	세	존	식	시	착	의	지	발	입	사	위
俱	爾	時	世	尊	食	時	着	衣	持	鉢	入	舍	衛
대	성	걸	식	어	기	성	중	차	제	걸	이	환	지
大	城	乞	食	於	其	城	中	次	第	乞	已	還	至
본	처	반	사	흘	수	의	발	세	족	이	부	좌	이
本	處	飯	食	訖	收	衣	鉢	洗	足	已	敷	座	而

이때 장로인 수보리가 대중 가운데 있다가 자리에서 일어나, 바른편 어깨 쪽 가사를 벗고 바른편 무릎을 땅에 꿇으며, 합장하고 공경스럽게 부처님께 말씀드렸습니다.

"참으로 경이롭습니다, 세존이시여. 여래께서는 보살들을 잘 생각하여 보호해 주시며, 보살들에게 잘 부탁하여 맡기십니다.

세존이시여, 선남자 선여인 즉 착한 보살들이 있어, '아뇩다라삼먁삼보리심' 이라는 '부처님 세계에 들려는 마음'을 내었다면, 이들은 어떻게 생활하여야 하며,

좌
坐

善現起請分 第二

시 장 로 수 보 리 재 대 중 중 즉 종 좌 기
時 長 老 須 菩 提 在 大 衆 中 卽 從 座 起

편 단 우 견 우 슬 착 지 합 장 공 경 이 백
偏 袒 右 肩 右 膝 着 地 合 掌 恭 敬 而 白

불 언 희 유 세 존 여 래 선 호 념 제 보 살
佛 言 希 有 世 尊 如 來 善 護 念 諸 菩 薩

선 부 촉 제 보 살 세 존 선 남 자 선 여 인
善 付 囑 諸 菩 薩 世 尊 善 男 子 善 女 人

발 아 뇩 다 라 삼 먁 삼 보 리 심 응 운 하
發 阿 耨 多 羅 三 藐 三 菩 提 心 應 云 何

2

어떻게 마음을 다스려야 하겠습니까?"

부처님께서 말씀하셨습니다.

"오, 그래 그래 착하구나. 수보리야, 너의 말과 같이 여래께서는 보살들을 잘 생각하여 보호해 주시며, 보살들에게 잘 부탁하여 맡기신단다. 자세히 들으라. 너의 묻는 말에 답해 주리라.

선남자 선여인 즉 착한 보살들이 있어, '아뇩다라삼먁삼보리심'이라는 '부처님 세계에 들려는 마음'을 내었다면, 다음과 같이 생활하며 다음과 같이 마음을 다스려야 하느니라."

"예 알겠습니다, 세존이시여. 기꺼이 듣고자 하옵니다."

주 운 하 항 복 기 심 불 언 선 재 선 재 수
住 云 何 降 伏 其 心 佛 言 善 哉 善 哉 須

보 리 여 여 소 설 여 래 선 호 념 제 보 살
菩 提 如 汝 所 說 如 來 善 護 念 諸 菩 薩

선 부 촉 제 보 살 여 금 제 청 당 위 여 설
善 付 囑 諸 菩 薩 汝 今 諦 聽 當 爲 汝 說

선 남 자 선 여 인 발 아 뇩 다 라 삼 먁 삼
善 男 子 善 女 人 發 阿 耨 多 羅 三 藐 三

보 리 심 응 여 시 주 여 시 항 복 기 심 유
菩 提 心 應 如 是 住 如 是 降 伏 其 心 唯

연 세 존 원 요 욕 문
然 世 尊 願 樂 欲 聞

3

大乘正宗分 第三

부처님께서 수보리에게 이르시었습니다.

"대보살들은 반드시 다음과 같이 마음을 다스려야 하느니라. '이 세상의 온갖 생명체들, 이를테면 알에서 태어났거나, 태에서 태어났거나, 습기에서 태어났거나, 갑자기 변화하여 태어났거나, 하늘나라의 색계·무색계에 태어났거나, 무색계 하늘 중 유상천·무상천·비유상비무상천에 태어났거나, 모두 내가 저 영원한 부처님 세계에 들도록 인도하리라' 라고 서원 세우라.

이와 같이 헤아릴 수 없는 생명체들을 부처님 세계로 인도하지만, 실지로는 인도를 받은 중생이 없느니라."

佛告須菩提諸菩薩摩訶薩應如是
降伏其心所有一切衆生之類若卵
生若胎生若濕生若化生若有色若
無色若有想若無想若非有想非無
想我皆令入無餘涅槃而滅度之如
是滅度無量無數無邊衆生實無衆

4

"왜냐하면 수보리야, 만약에 보살이 자기가 제일이라는 모습, 즉 아상이 있다거나, 나와 남을 나누어서 보는 모습, 즉 인상이 있다거나, 재미있고 호감 가는 것만 본능적으로 취하는 모습, 즉 중생상이 있다거나, 영원한 수명을 누려야지 하는 모습, 즉 수자상이 있다면, 이는 보살이 아니기 때문이니라."

묘행무주분 제 사

"또한 수보리야, 보살은 반드시 대상에 매이지 말고 보시를 해야 하느니라. 이른바 형색 · 소리 · 냄새 · 맛 · 닿임 · 생각의 대상을 떠나서 보시할지니라. 수보리야, 보살은 반드시 이와 같이 보시하면서, '내가 보시를 한다' 라는 생각도 내지 말아야 하느니라."

생 득 멸 도 자 하 이 고 수 보 리 약 보 살
生 得 滅 度 者 何 以 故 須 菩 提 若 菩 薩
유 아 상 인 상 중 생 상 수 자 상 즉 비 보
有 我 相 人 相 衆 生 相 壽 者 相 卽 非 菩
살
薩

妙行無住分 第四

부 차 수 보 리 보 살 어 법 응 무 소 주 행
復 次 須 菩 提 菩 薩 於 法 應 無 所 住 行
어 보 시 소 위 부 주 색 보 시 부 주 성 향
於 布 施 所 謂 不 住 色 布 施 不 住 聲 香
미 촉 법 보 시 수 보 리 보 살 응 여 시 보
味 觸 法 布 施 須 菩 提 菩 薩 應 如 是 布

"왜냐하면 만약에 보살이 '내가 보시를 한다'라는 생각 없이 보시를 하면, 그 복덕이 헤아릴 수 없이 크기 때문이니라. 수보리야, 어떻게 생각하느냐? 동쪽 허공의 크기를 생각으로 헤아릴 수 있겠느냐?" "헤아릴 수 없습니다, 세존이시여."

"수보리야, 남·서·북·남서·남동·북서·북동·상·하, 각각에 이르는 허공의 크기를 생각으로 헤아릴 수 있겠느냐?" "헤아릴 수 없습니다, 세존이시여."

"수보리야, 보살이 '내가 한다'라는 생각 없이 보시한 복덕도 이처럼 엄청나서, 생각으로 헤아릴 수 없느니라. 수보리야, 보살은 반드시 이와 같이 가르쳐 준 대로만 마음을 내고, 생활할지니라."

시 부 주 어 상 하 이 고 약 보 살 부 주 상
施 不 住 於 相 何 以 故 若 菩 薩 不 住 相

보 시 기 복 덕 불 가 사 량 수 보 리 어 의
布 施 其 福 德 不 可 思 量 須 菩 提 於 意

운 하 동 방 허 공 가 사 량 부 불 야 세 존
云 何 東 方 虛 空 可 思 量 不 不 也 世 尊

수 보 리 남 서 북 방 사 유 상 하 허 공 가
須 菩 提 南 西 北 方 四 維 上 下 虛 空 可

사 량 부 불 야 세 존 수 보 리 보 살 무 주
思 量 不 不 也 世 尊 須 菩 提 菩 薩 無 住

상 보 시 복 덕 역 부 여 시 불 가 사 량 수
相 布 施 福 德 亦 復 如 是 不 可 思 量 須

보 리 보 살 단 응 여 소 교 주
菩 提 菩 薩 但 應 如 所 教 住

如理實見分 第五

"수보리야, 어떻게 생각하느냐? 몸의 형색으로 '참 부처님'을 볼 수 있다고 생각하느냐?"

"볼 수 없습니다, 세존이시여. 몸의 형색으로는 '참 부처님'을 볼 수 없습니다. 왜냐하면 부처님께서 말씀하신 '몸의 형색'은 곧 몸의 형색이 아니기 때문입니다."

부처님께서 수보리에게 이르시었습니다.

"존재하고 있는 모든 정신적, 물질적인 것은 실체가 없고 끊임없이 변하는 것이니, 만일 이와 같은 줄을 알면 '참 부처님'을 보리라."

수보리어의운하가이신상견여래
須菩提於意云何可以身相見如來

부블야세존블가이신상득견여래
不不也世尊不可以身相得見如來

하이고여래소설신상즉비신상불
何以故如來所說身相卽非身相佛

고수보리범소유상개시허망약견
告須菩提凡所有相皆是虛妄若見

제상비상즉견여래
諸相非相卽見如來

7

正信希有分 第六

수보리가 부처님께 사뢰었습니다.

"세존이시여, 중생들이 이와 같이 설하신 말씀의 구절들을 귀담아듣고, 실지로 믿음을 내겠습니까?"

부처님께서 수보리에게 이르시었습니다.

"그런 말 하지 말아라. 내가 육신의 몸을 버리고 진리의 세계로 든 뒤 이천오백 년 후에라도, 계를 지니고 복을 닦는 자가 있으면, 이 구절 말씀에 능히 믿는 마음을 내어 이를 진실한 것으로 여기리라. 마땅히 알아라. 이 사람은 한 부처님이나 두 부처님이나 셋, 넷, 다섯 부처님께만 선근을 심은 것이 아니라, 한량없는 천만 억 부처님께 여러 선근을 심은 바,

수	보	리	백	불	언	세	존	파	유	중	생	득	문
須	菩	提	白	佛	言	世	尊	頗	有	眾	生	得	聞

여	시	언	설	장	구	생	실	신	부	불	고	수	보
如	是	言	說	章	句	生	實	信	不	佛	告	須	菩

리	막	작	시	설	여	래	멸	후	후	오	백	세	유
提	莫	作	是	說	如	來	滅	後	後	五	百	歲	有

지	계	수	복	자	어	차	장	구	능	생	신	심	이
持	戒	修	福	者	於	此	章	句	能	生	信	心	以

차	위	실	당	지	시	인	불	어	일	불	이	불	삼
此	爲	實	當	知	是	人	不	於	一	佛	二	佛	三

사	오	불	이	종	선	근	이	어	무	량	천	만	불
四	五	佛	而	種	善	根	已	於	無	量	千	萬	佛

이 구절 말씀을 듣거나 내지는 한 생각만으로도 깨끗한 믿음을 내느니라. 수보리야, 여래께서는 이러한 중생들이 이와 같은 한량없는 복덕을 얻는다는 것을 다 아시고, 다 보시느니라. 왜냐하면 이 중생들은 다시는 자기가 제일이라는 모습, 즉 아상이 없으며, 나와 남을 나누어 보는 모습, 즉 인상이 없으며, 재미있고 호감 가는 것만을 본능적으로 취하는 모습, 즉 중생상이 없으며, 영원한 수명을 누려야지 하는 모습, 즉 수자상이 없고, 객관의 대상, 즉 법상도 없으며, 객관의 대상이 아닌 모습, 즉 비법상도 없느니라. 왜냐하면 만약 중생들이 마음에 상을 취하면, 곧 아상·인상·중생상·수자상을 가지는 것이 되기 때문이니라. 만약에 법상을 취하더라도, 곧 아

소 종 제 선 근 문 시 장 구 내 지 일 념 생
所 種 諸 善 根 聞 是 章 句 乃 至 一 念 生

정 신 자 수 보 리 여 래 실 지 실 견 시 제
淨 信 者 須 菩 提 如 來 悉 知 悉 見 是 諸

중 생 득 여 시 무 량 복 덕 하 이 고 시 제
衆 生 得 如 是 無 量 福 德 何 以 故 是 諸

중 생 무 부 아 상 인 상 중 생 상 수 자 상
衆 生 無 復 我 相 人 相 衆 生 相 壽 者 相

무 법 상 역 무 비 법 상 하 이 고 시 제 중
無 法 相 亦 無 非 法 相 何 以 故 是 諸 衆

생 약 심 취 상 즉 위 착 아 인 중 생 수 자
生 若 心 取 相 卽 爲 着 我 人 衆 生 壽 者

약 취 법 상 즉 착 아 인 중 생 수 자 하 이
若 取 法 相 卽 着 我 人 衆 生 壽 者 何 以

9

상·인상·중생상·수자상을 가지는 것이 되느니라. 왜냐하면 만약 비법상을 취하기만 해도, 이는 곧 아상·인상·중생상·수자상을 가지는 것이 되기 때문이니라. 그러한 까닭으로 마땅히 객관의 대상, 즉 법상을 취하지 말아야 하며, 객관의 대상이 아닌 모습, 즉 비법상도 취하지 말아야 하느니라. 이와 같은 이유로 내가 너희들 비구에게 항상 설하되, '나의 설법을 뗏목에 비유했다는 것을 알아라' 라고 하였느니라. 법도 버려야 하는데, 하물며 비법에 매여서 되겠느냐!"

무득무설분 제 칠

"수보리야, 어떻게 생각하느냐? 여래께서 아뇩다라삼먁삼보리, 즉 부처님 세계를 얻었다고 생각하느냐? 여래께서 설하신 법이

고 약 취 비 법 상 즉 착 아 인 중 생 수 자
故 若 取 非 法 相 即 着 我 人 衆 生 壽 者
시 고 불 응 취 법 불 응 취 비 법 이 시 의
是 故 不 應 取 法 不 應 取 非 法 以 是 義
고 여 래 상 설 여 등 비 구 지 아 설 법 여
故 如 來 常 說 汝 等 比 丘 知 我 說 法 如
벌 유 자 법 상 응 사 하 황 비 법
筏 喻 者 法 尚 應 捨 何 況 非 法

無得無說分 第七

수 보 리 어 의 운 하 여 래 득 아 뇩 다 라
須 菩 提 於 意 云 何 如 來 得 阿 耨 多 羅
삼 먁 삼 보 리 야 여 래 유 소 설 법 야 수
三 藐 三 菩 提 耶 如 來 有 所 說 法 耶 須

있다고 생각하느냐?"

수보리가 대답하였습니다.

"제가 부처님께서 설하신 말씀의 뜻을 이해하기로는, 아뇩다라삼먁삼보리 즉 '부처님 세계'라고 이름할 만한 일정한 법이 없으며, '여래께서 설하셨다'라고 할 만한 일정한 법도 또한 없습니다. 왜냐하면 여래께서 설하신 법은 다 취할 수도 없고, 다 말할 수도 없으며, 법도 아니고 법 아님도 아니기 때문입니다. 어떤 연유인고 하면, 그것은 모든 현인이나 성인들이 다 '근본 자리에서 쓰는 무위법' 가운데 여러 가지 차별이 있는 까닭입니다."

의법출생분 제 팔

"수보리야, 어떻게 생각하느냐? 만약 어떤 사람이 삼천대천세계에

보리언여아해불소설의무유정법
菩提言如我解佛所說義無有定法

명아뇩다라삼먁삼보리역무유정
名阿耨多羅三藐三菩提亦無有定

법여래가설하이고여래소설법개
法如來可說何以故如來所說法皆

불가취불가설비법비비법소이자
不可取不可說非法非非法所以者

하일체현성개이무위법이유차별
何一切賢聖皆以無爲法而有差別

依法出生分 第八

수보리어의운하약인만삼천대천
須菩提於意云何若人滿三千大千

11

일곱 가지 종류의 보물, 즉 칠보를 가득히 쌓아서 보시한다면, 이 사람의 지은 바 복덕이 많지 않겠느냐?"

수보리가 대답하였습니다.

"대단히 많겠습니다, 세존이시여. 왜냐하면 이 복덕은 참다운 복덕의 성질이 아닌 까닭에 여래께서 '복덕이 많다' 라고 하셨기 때문입니다."

"만약에 또 어떤 사람이 있어, 이 경 가운데서 받아 지니거나, 혹은 네 구절의 게송 등을 다른 사람에게 설하여 주면, 그 복덕은 저 칠보를 보시한 복덕보다 더 수승하리라. 왜냐하면 일체의 모든 부처님과 모든 부처님의 아뇩다라삼먁삼보리법이 모두 이 경에서 나왔기 때문이니라."

세계 칠 보 이 용 보 시 시 인 소 득 복 덕
世 界 七 寶 以 用 布 施 是 人 所 得 福 德

영 위 다 부 수 보 리 언 심 다 세 존 하 이
寧 爲 多 不 須 菩 提 言 甚 多 世 尊 何 以

고 시 복 덕 즉 비 복 덕 성 시 고 여 래 설
故 是 福 德 卽 非 福 德 性 是 故 如 來 說

복 덕 다 약 부 유 인 어 차 경 중 수 지 내
福 德 多 若 復 有 人 於 此 經 中 受 持 乃

지 사 구 게 등 위 타 인 설 기 복 승 피 하
至 四 句 偈 等 爲 他 人 說 其 福 勝 彼 何

이 고 수 보 리 일 체 제 불 급 제 불 아 뇩
以 故 須 菩 提 一 切 諸 佛 及 諸 佛 阿 耨

다 라 삼 먁 삼 보 리 법 개 종 차 경 출 수
多 羅 三 藐 三 菩 提 法 皆 從 此 經 出 須

"수보리야, 이른바 '부처님 법'이라는 것은 곧 부처님 법이 아니니라."

일상무상분 제 구

"수보리야, 어떻게 생각하느냐? 수다원이 능히 '내가 수다원과를 얻었다'라는 생각을 짓겠느냐?"

수보리가 대답하였습니다.

"그러한 생각을 짓지 않습니다, 세존이시여. 왜냐하면 수다원은 '성인의 류에 든다'라는 말이오나, 실지로는 들어간 바가 없기 때문입니다. 형색·소리·냄새·맛·닿임·생각의 대상에 물들지 아니한 까닭에, 그 이름을 '수다원'이라 할 뿐입니다."

"수보리야, 어떻게 생각하느냐? 사다함이 능히 '내가 사다함과를 얻었다'라는 생각을 짓겠느냐?"

보리 소위 불법 자 즉 비 불법
菩 提 所 謂 佛 法 者 卽 非 佛 法

一相無相分 第九

수 보 리 어 의 운 하 수 다 원 능 작 시 념
須 菩 提 於 意 云 何 須 陀 洹 能 作 是 念

아 득 수 다 원 과 부 수 보 리 언 불 야 세
我 得 須 陀 洹 果 不 須 菩 提 言 不 也 世

존 하 이 고 수 다 원 명 위 입 류 이 무 소
尊 何 以 故 須 陀 洹 名 爲 入 流 而 無 所

입 불 입 색 성 향 미 촉 법 시 명 수 다 원
入 不 入 色 聲 香 味 觸 法 是 名 須 陀 洹

수 보 리 어 의 운 하 사 다 함 능 작 시 념
須 菩 提 於 意 云 何 斯 陀 含 能 作 是 念

13

수보리가 대답하였습니다.

"그러한 생각을 짓지 않습니다, 세존이시여. 왜냐하면 사다함은 '한번 갔다 온다' 라는 말이오나, 실지로는 가고 옴이 없는 까닭에, 그 이름을 '사다함' 이라 할 뿐이기 때문입니다."

"수보리야, 어떻게 생각하느냐? 아나함이 능히 '내가 아나함과를 얻었다' 라는 생각을 짓겠느냐?"

수보리가 대답하였습니다.

"그러한 생각을 짓지 않습니다, 세존이시여. 왜냐하면 아나함은 '갔다 오지 않는다' 라는 말이오나, 실지로는 오지 않음이 없는 까닭에, 그 이름을 '아나함' 이라 할 뿐이기 때문입니다."

"수보리야, 어떻게 생각하느냐? 아라한이 능히 '내가 아라한과를 얻었다' 라는 생각을 짓겠느

아득사다함과부수보리언불야세
我 得 斯 陀 含 果 不 須 菩 提 言 不 也 世

존하이고사다함명일왕래이실무
尊 何 以 故 斯 陀 含 名 一 往 來 而 實 無

왕래시명사다함수보리어의운하
往 來 是 名 斯 陀 含 須 菩 提 於 意 云 何

아나함능작시념아득아나함과부
阿 那 含 能 作 是 念 我 得 阿 那 含 果 不

수보리언불야세존하이고아나함
須 菩 提 言 不 也 世 尊 何 以 故 阿 那 含

명위불래이실무불래시고명아나
名 爲 不 來 而 實 無 不 來 是 故 名 阿 那

함수보리어의운하아라한능작시
含 須 菩 提 於 意 云 何 阿 羅 漢 能 作 是

냐?"
수보리가 대답하였습니다.
"그러한 생각을 짓지 않습니다, 세존이시여. 왜냐하면 실지로는 법이 있지 않은 까닭에, 그 이름을 '아라한' 이라 할 뿐이기 때문입니다. 세존이시여, 만약 아라한이 이와 같이 생각을 짓되, '내가 아라한과를 얻었다' 라고 한다면, 이는 곧 아상·인상·중생상·수자상에 걸리는 것이 됩니다. 세존이시여, 부처님께서 설하시되, 제가 '번뇌와의 다툼을 여읜 삼매'를 얻은 사람 가운데에서 가장 제일이라고 하셨습니다. 이는 '욕심을 떠난 아라한 가운데 제일' 이라는 말씀입니다. 하오나 세존이시여, 저는 '내가 욕심을 떠난 아라한이다' 라는 생각을 짓지 않습니다."

념아득아라한도부수보리언불야
念我得阿羅漢道不須菩提言不也

세존하이고실무유법명아라한세
世尊何以故實無有法名阿羅漢世

존약아라한작시념아득아라한도
尊若阿羅漢作是念我得阿羅漢道

즉위착아인중생수자세존불설아
即爲着我人衆生壽者世尊佛說我

득무쟁삼매인중최위제일시제일
得無諍三昧人中最爲第一是第一

이욕아라한세존아부작시념아시
離欲阿羅漢世尊我不作是念我是

이욕아라한세존아약작시념아득
離欲阿羅漢世尊我若作是念我得

"세존이시여, 제가 만약에 '아라한도를 얻었다' 라는 생각을 지었다면, 세존께서 '수보리는 아란나행을 좋아하는 자' 라고 말씀하지 않으셨을 것입니다. 실은 제가 그러지 않았으므로, '수보리는 아란나행을 좋아한다' 라고 하셨습니다."

장엄정토분 제 십

부처님께서 이르시었습니다.
"수보리야, 어떻게 생각하느냐? 여래가 옛적에 연등 부처님 처소에서 법을 얻은 바가 있다고 생각하느냐?"
"아닙니다, 세존이시여. 여래께서 연등 부처님 처소에 계실 적에, 실지로 법을 얻으신 바가 없습니다."

아라한도세존즉불설수보리시요
阿 羅 漢 道 世 尊 卽 不 說 須 菩 提 是 樂

아란나행자이수보리실무소행이
阿 蘭 那 行 者 以 須 菩 提 實 無 所 行 而

명수보리시요아란나행
名 須 菩 提 是 樂 阿 蘭 那 行

莊嚴淨土分 第十

불고수보리어의운하여래석재연
佛 告 須 菩 提 於 意 云 何 如 來 昔 在 燃

등불소어법유소득부불야세존여
燈 佛 所 於 法 有 所 得 不 不 也 世 尊 如

래재연등불소어법실무소득수보
來 在 燃 燈 佛 所 於 法 實 無 所 得 須 菩

16

"수보리야, 어떻게 생각하느냐? 보살이 '불국토를 장엄한다' 라는 생각을 하겠느냐?"

"아닙니다, 세존이시여. 왜냐하면 '불국토를 장엄한다' 라는 것은 곧 장엄이 아니라, 그 이름이 '장엄' 이기 때문입니다."

"그러한 까닭으로 수보리야, 모든 대보살들은 반드시 다음과 같이 청정한 마음을 내어야 하느니라. 즉, 형색에 머물러서 마음을 내지 말고, 소리·냄새·맛·닿임·생각의 대상에 머물러서 마음을 내지도 말아야 하나니, 마땅히 아무 데도 집착하는 바 없이 그 마음을 낼지니라.

수보리야, 비유컨대 어떤 사람이 있어 그 사람의 몸이 '수미산왕만 하다' 라고 한다면, 어떻게 생각하느냐? 그 몸이 '크다' 라고 하겠느냐?"

리어의운하보살장엄불토부불야
提 於 意 云 何 菩 薩 莊 嚴 佛 土 不 不 也

세존하이고장엄불토자즉비장엄
世 尊 何 以 故 莊 嚴 佛 土 者 卽 非 莊 嚴

시명장엄시고수보리제보살마하
是 名 莊 嚴 是 故 須 菩 提 諸 菩 薩 摩 訶

살응여시생청정심불응주색생심
薩 應 如 是 生 淸 淨 心 不 應 住 色 生 心

불응주성향미촉법생심응무소주
不 應 住 聲 香 味 觸 法 生 心 應 無 所 住

이생기심수보리비여유인신여수
而 生 其 心 須 菩 提 譬 如 有 人 身 如 須

미산왕어의운하시신위대부수보
彌 山 王 於 意 云 何 是 身 爲 大 不 須 菩

수보리가 대답하였습니다.

"'대단히 크다'라고 하겠습니다, 세존이시여. 왜냐하면 부처님께서는 '참다운 진리적 몸이 아닌 몸'을 말씀하시므로, 이를 '큰 몸'이라 이름하신 것이기 때문입니다."

무위복승분 제 십일

"수보리야, 갠지스강에 있는 모래의 숫자만큼 수많은 갠지스강들이 있다면, 어떻게 생각하느냐? 이 모든 갠지스강들에 있어서 그 모래들의 숫자가 많지 않겠느냐?"

수보리가 대답하였습니다.

"대단히 많겠습니다, 세존이시여. 그 강들의 숫자만 하더라도 무수히 많을 텐데, 그 모든 강들에 있는 모래의 수이겠습니까?"

리 언 심 대 세 존 하 이 고 불 설 비 신 시
提 言 甚 大 世 尊 何 以 故 佛 說 非 身 是

명 대 신
名 大 身

無爲福勝分 第十一

수 보 리 여 항 하 중 소 유 사 수 여 시 사
須 菩 提 如 恒 河 中 所 有 沙 數 如 是 沙

등 항 하 어 의 운 하 시 제 항 하 사 영 위
等 恒 河 於 意 云 何 是 諸 恒 河 沙 寧 爲

다 부 수 보 리 언 심 다 세 존 단 제 항 하
多 不 須 菩 提 言 甚 多 世 尊 但 諸 恒 河

상 다 무 수 하 황 기 사 수 보 리 아 금 실
尚 多 無 數 何 況 其 沙 須 菩 提 我 今 實

18

"수보리야, 내가 지금 진실로 말하노니, 만약에 어떤 선남자 선여인 즉 착한 보살이 있어서, 일곱 가지 종류의 보물, 즉 칠보를 그 무수한 강들의 모래 수만큼 많은 삼천대천세계에 가득히 채워서 보시한다면, 그 복덕이 많지 않겠느냐?"

수보리가 대답하였습니다.

"대단히 많겠습니다, 세존이시여."

부처님께서 수보리에게 이르시었습니다.

"만약 어떤 선남자 선여인이 이 경의 전체 가운데서나 내지는 받아 지닌 네 구절의 게송 등을 다른 사람을 위해 설하여 주면, 이 복덕은 앞에서의 칠보를 보시한 복덕보다 훨씬 더 수승하리라."

언 고 여 약 유 선 남 자 선 여 인 이 칠 보
言 告 汝 若 有 善 男 子 善 女 人 以 七 寶

만 이 소 항 하 사 수 삼 천 대 천 세 계 이
滿 爾 所 恒 河 沙 數 三 千 大 千 世 界 以

용 보 시 득 복 다 부 수 보 리 언 심 다 세
用 布 施 得 福 多 不 須 菩 提 言 甚 多 世

존 불 고 수 보 리 약 선 남 자 선 여 인 어
尊 佛 告 須 菩 提 若 善 男 子 善 女 人 於

차 경 중 내 지 수 지 사 구 게 등 위 타 인
此 經 中 乃 至 受 持 四 句 偈 等 爲 他 人

설 이 차 복 덕 승 전 복 덕
說 而 此 福 德 勝 前 福 德

尊重正教分 第十二

"또한 수보리야, 어디서나 이 경 전체 내지는 네 구절의 게송 등을 설한다면, 마땅히 알아라. 이곳은 온 세계의 하늘사람·인간·아수라들이 모두 응당 공양하기를 부처님의 탑에 공양하듯 할 것이어늘, 하물며 어떤 사람이 끝까지 경을 받아 지니며, 읽고 외우는 것에 있어서랴?

수보리야, 마땅히 알아라. 이 사람은 가장 높고 제일 가는 거룩한 법을 성취할 것이니, 만약 이 경전이 있는 곳은 곧 부처님과 훌륭한 제자가 계신 곳이 되느니라."

부차 수보리 수설 시경 내지 사구게
復 次 須 菩 提 隨 說 是 經 乃 至 四 句 偈

등당지차처 일체 세간 천인 아수라
等 當 知 此 處 一 切 世 間 天 人 阿 修 羅

개응공양여불탑묘 하황유인진능
皆 應 供 養 如 佛 塔 廟 何 況 有 人 盡 能

수지독송수보리당지시인성취최
受 持 讀 誦 須 菩 提 當 知 是 人 成 就 最

상제일희유지법약시경전소재지
上 第 一 希 有 之 法 若 是 經 典 所 在 之

처즉위유불약존중제자
處 卽 爲 有 佛 若 尊 重 弟 子

20

如法受持分 第十三

그때 수보리가 부처님께 사뢰었습니다.

"세존이시여, 이 경의 이름을 마땅히 무엇이라 하며,
우리들이 어떻게 받들어 지녀야 하겠습니까?"

부처님께서 수보리에게 이르시었습니다.

"이 경의 이름은 '금강반야바라밀경'이니, 반드시 이 이름의 글자 그대로 받들어 지닐지니라.
어떤 연유인고 하면 수보리야, 부처님께서 설하신 '반야바라밀'은 반야바라밀이 아니라 그 이름이 '반야바라밀'인 까닭이니라.

수보리야, 어떻게 생각하느냐?
여래께서 설하신 바 법이 있겠느냐?"

이시 수보리 백불 언 세존 당 하 명 차
爾 時 須 菩 提 白 佛 言 世 尊 當 何 名 此

경 아 등 운 하 봉 지 불 고 수 보 리 시 경
經 我 等 云 何 奉 持 佛 告 須 菩 提 是 經

명 위 금 강 반 야 바 라 밀 이 시 명 자 여
名 爲 金 剛 般 若 波 羅 蜜 以 是 名 字 汝

당 봉 지 소 이 자 하 수 보 리 불 설 반 야
當 奉 持 所 以 者 何 須 菩 提 佛 說 般 若

바 라 밀 즉 비 반 야 바 라 밀 시 명 반 야
波 羅 蜜 卽 非 般 若 波 羅 蜜 是 名 般 若

바 라 밀 수 보 리 어 의 운 하 여 래 유 소
波 羅 蜜 須 菩 提 於 意 云 何 如 來 有 所

수보리가 부처님께 사뢰었습니다.

"세존이시여, 여래께서 설하신 바 법이 없습니다."

"수보리야, 어떻게 생각하느냐? 삼천대천세계에 있는 바 티끌을 많다고 하겠느냐?"

수보리가 대답하였습니다.

"대단히 많겠습니다, 세존이시여."

"수보리야, 모든 '티끌'은 여래께서 설하시되, 티끌이 아니라 그 이름이 '티끌'이라 하시었느니라. 여래께서 설하시되, '세계'도 세계가 아니라 그 이름이 '세계'라 하셨느니라. 수보리야, 어떻게 생각하느냐? 32상의 형상으로써 '참 부처님'을 볼 수 있겠느냐?"

설법부 수보리 백불언 세존 여래무
說法不 須菩提 白佛言 世尊 如來無

소설 수보리 어의운하 삼천대천세
所說 須菩提 於意云何 三千大千世

계 소유미진 시위다 부 수보리 언심
界 所有微塵 是爲多 不 須菩提 言甚

다세존 수보리 제미진 여래설비미
多世尊 須菩提 諸微塵 如來說非微

진 시명미진 여래설세계 비세계시
塵 是名微塵 如來說世界 非世界是

명세계 수보리 어의운하 가이삼십
名世界 須菩提 於意云何 可以三十

이상견여래부 불야세존 불가이삼
二相見如來不 不也世尊 不可以三

"볼 수 없습니다, 세존이시여. 32상의 형상으로는 '참 부처님'을 볼 수 없습니다. 왜냐하면 여래께서 설하시되, '32상의 형상은 상이 아니라 그 이름이 32상이다'라고 하셨기 때문입니다."

"수보리야, 만약에 어떤 선남자 선여인 즉 착한 보살이 있어, 저 갠지스강 모래의 숫자만큼이나 많은 몸과 목숨으로써 보시를 하여도, 만일 또 어떤 사람이 있어서, 이 경 전체 가운데서나 내지는 받아 지닌 네 구절의 게송 등을 다른 사람을 위해 설하여 주면, 그 복이 훨씬 더 많으리라."

십 이 상 득 견 여 래 하 이 고 여 래 설 삼
十 二 相 得 見 如 來 何 以 故 如 來 說 三

십 이 상 즉 시 비 상 시 명 삼 십 이 상 수
十 二 相 卽 是 非 相 是 名 三 十 二 相 須

보 리 약 유 선 남 자 선 여 인 이 항 하 사
菩 提 若 有 善 男 子 善 女 人 以 恒 河 沙

등 신 명 보 시 약 부 유 인 어 차 경 중 내
等 身 命 布 施 若 復 有 人 於 此 經 中 乃

지 수 지 사 구 게 등 위 타 인 설 기 복 심
至 受 持 四 句 偈 等 爲 他 人 說 其 福 甚

다
多

離相寂滅分 第十四

그때 수보리가 금강경 설하시는 것을 듣고, 깊이 그 뜻을 이해하고 감격하여 흐느껴 울면서 부처님께 사뢰었습니다.

"참으로 경이롭습니다, 세존이시여. 부처님께서 이렇게 뜻이 깊고 깊은 경전을 설하시는 것은 제가 지금까지 얻은 바 지혜의 눈으로써는 일찍이 이와 같은 경을 들어 보지 못하였습니다.

세존이시여, 만약에 또 어떤 사람이 있어 이 경의 말씀을 귀담아듣고, 믿는 마음이 청정하면, 우주 인생의 참다운 모습, 즉 실상을 깨닫게 될 것이니, 마땅히 이 사람은 이 세상에서 가장 경이로운 공덕을 성취하게 될 것임을 알겠습니다."

이시 수보리 문설 시경 심해 의취 체
爾時 須菩提 聞說 是經 深解 義趣 涕

루비읍이백불언희유세존불설여
涙悲泣而白佛言希有世尊佛說如

시심심경전아종석래소득혜안미
是甚深經典我從昔來所得慧眼未

증득문여시지경세존약부유인득
曾得聞如是之經世尊若復有人得

문시경신심청정즉생실상당지시
聞是經信心清淨卽生實相當知是

인성취제일희유공덕세존시실상
人成就第一希有功德世尊是實相

"세존이시여, 이 '실상' 이라는 것은 곧 상이 아닙니다. 그러한 까닭으로 여래께서 설하시되, 그 이름이 '실상' 이라고 하셨습니다. 세존이시여, 제가 지금에 이 경의 말씀을 귀담아듣고, 믿고 이해하여 받아 지니는 것은 어렵지 않습니다. 하지만 만약 장차 다가올 이천오백 년 후의 세상에서 그 어떤 중생이 있어, 이 경을 귀담아듣고서 믿고 이해하여 받아 지닌다면, 이 사람의 행위는 이 세상에서 가장 경이로운 일이 되겠습니다. 왜냐하면 이 사람은 아상·인상·중생상·수자상이 없기 때문입니다. 어떤 연유인고 하면, 아상은 곧 상이 아니요, 인상·중생상·수자상도 곧 상이 아닌 까닭입니다"

자 즉 시 비 상 시 고 여 래 설 명 실 상 세
者 卽 是 非 相 是 故 如 來 說 名 實 相 世

존 아 금 득 문 여 시 경 전 신 해 수 지 부
尊 我 今 得 聞 如 是 經 典 信 解 受 持 不

족 위 난 약 당 내 세 후 오 백 세 기 유 중
足 爲 難 若 當 來 世 後 五 百 歲 其 有 衆

생 득 문 시 경 신 해 수 지 시 인 즉 위 제
生 得 聞 是 經 信 解 受 持 是 人 卽 爲 第

일 희 유 하 이 고 차 인 무 아 상 무 인 상
一 希 有 何 以 故 此 人 無 我 相 無 人 相

무 중 생 상 무 수 자 상 소 이 자 하 아 상
無 衆 生 相 無 壽 者 相 所 以 者 何 我 相

즉 시 비 상 인 상 중 생 상 수 자 상 즉 시
卽 是 非 相 人 相 衆 生 相 壽 者 相 卽 是

"왜냐하면 일체의 모든 상에서 벗어나야, 곧 '부처님 경지'라고 이름하기 때문입니다."

부처님께서 수보리에게 이르시었습니다.

"그러하니라, 그러하니라. 만약에 또 어떤 사람이 있어, 이 경을 귀담아듣고서 놀라지도 않고, 겁내지도 않으며, 두려워하지도 않는다면, 이 사람은 참으로 경이로운 사람임을 알아야 하느니라. 왜냐하면 수보리야, 여래께서 설하신 '제일바라밀'은 제일바라밀이 아니라 그 이름이 '제일바라밀'이기 때문이니라.

수보리야, '인욕바라밀'도 여래께서 설하시되, 인욕바라밀이 아니라 그 이름이 '인욕바라밀'이라고 하셨느니라."

비 상 하 이 고 이 일 체 제 상 즉 명 제 불
非 相 何 以 故 離 一 切 諸 相 卽 名 諸 佛

불 고 수 보 리 여 시 여 시 약 부 유 인 득
佛 告 須 菩 提 如 是 如 是 若 復 有 人 得

문 시 경 불 경 불 포 불 외 당 지 시 인 심
聞 是 經 不 驚 不 怖 不 畏 當 知 是 人 甚

위 희 유 하 이 고 수 보 리 여 래 설 제 일
爲 希 有 何 以 故 須 菩 提 如 來 說 第 一

바 라 밀 즉 비 제 일 바 라 밀 시 명 제 일
波 羅 蜜 卽 非 第 一 波 羅 蜜 是 名 第 一

바 라 밀 수 보 리 인 욕 바 라 밀 여 래 설
波 羅 蜜 須 菩 提 忍 辱 波 羅 蜜 如 來 說

비 인 욕 바 라 밀 시 명 인 욕 바 라 밀 하
非 忍 辱 波 羅 蜜 是 名 忍 辱 波 羅 蜜 何

"왜냐하면 수보리야, 내가 옛날 가리왕에게 몸을 베이고 잘리고 할 그때에도 나에게는 아상이 없었으며, 인상도 없었고, 중생상도 없었고, 수자상도 없었기 때문이니라. 왜냐하면 내가 지난 그때에 마디마디와 사지가 찢길 때, 만약 아상이나 인상·중생상·수자상이 있었더라면, 응당 성내고 원망하는 마음을 내었을 것이기 때문이니라. 수보리야, 또 저 옛날 오백세에 욕됨을 참는 신선이었던 때를 생각하니, 그 세상에서도 아상·인상·중생상·수자상이 없었느니라."

이 고 수 보 리 여 아 석 위 가 리 왕 할 절
以 故 須 菩 提 如 我 昔 爲 歌 利 王 割 截

신 체 아 어 이 시 무 아 상 무 인 상 무 중
身 體 我 於 爾 時 無 我 相 無 人 相 無 衆

생 상 무 수 자 상 하 이 고 아 어 왕 석 절
生 相 無 壽 者 相 何 以 故 我 於 往 昔 節

절 지 해 시 약 유 아 상 인 상 중 생 상 수
節 支 解 時 若 有 我 相 人 相 衆 生 相 壽

자 상 응 생 진 한 수 보 리 우 념 과 거 어
者 相 應 生 瞋 恨 須 菩 提 又 念 過 去 於

오 백 세 작 인 욕 선 인 어 이 소 세 무 아
五 百 世 作 忍 辱 仙 人 於 爾 所 世 無 我

상 무 인 상 무 중 생 상 무 수 자 상 시 고
相 無 人 相 無 衆 生 相 無 壽 者 相 是 故

"그러한 까닭으로 수보리야, 보살은 마땅히 일체의 상을 떠나서 '아뇩다라삼먁삼보리, 즉 부처님 세계에 들겠다' 라는 마음을 내어야 하느니라. 마땅히 형색에 머물러 마음을 내지 말며, 소리·냄새·맛·닿임·생각의 대상에 머물러 마음을 내지 말지니라. 마땅히 머무름이 없는 마음을 내어야 하느니라. 만약에 마음에 머무름이 있다면 곧 머무름이 아니니라. 그러한 까닭으로 부처님께서 설하시되, '보살은 마음을 형색에 머물러서 보시를 하지 않는다' 라고 하셨느니라. 수보리야, 보살은 일체중생을 이익되게 하기 위하여 마땅히 이와 같이 보시를 해야 하느니라. 여래께서 설하시되, '일체의 모든 상은 곧 상이 아니다' 라고 하셨으며, 또 말씀하시기를 '일체중

수보리보살응리일체상발아뇩다
須菩提菩薩應離一切相發阿耨多

라삼먁삼보리심불응주색생심불
羅三藐三菩提心不應住色生心不

응주성향미촉법생심응생무소주
應住聲香味觸法生心應生無所住

심약심유주즉위비주시고불설보
心若心有住即爲非住是故佛說菩

살심불응주색보시수보리보살위
薩心不應住色布施須菩提菩薩爲

이익일체중생응여시보시여래설
利益一切衆生應如是布施如來說

일체제상즉시비상우설일체중생
一切諸相即是非相又說一切衆生

생은 곧 중생이 아니다'라고 하셨느니라.

수보리야, 여래는 '참된 말'을 하시는 분이며, '실다운 말'을 하시는 분이며, '있는 그대로의 말'을 하시는 분이며, '속이지 않는 말'을 하시는 분이며, '다르지 않은 말'을 하시는 분이니라. 수보리야, 여래께서 얻으신 이 법은 실다움도 없고, 헛됨도 없느니라.

수보리야, 만약 보살이 마음을 법에 머물러 보시를 하면, 사람이 어둠 속으로 들어가서 그 무엇도 볼 수가 없는 것과 같으니라. 만약 보살이 마음을 법에 머무르지 않고 보시를 하면, 사람에게 눈이 있고 빛이 있어 여러 가지 모양을 보는 것과 같으니라. 수보리야, 장차 다가올 그 세상에 만일 선남자 선여인, 즉 착

즉비중생수보리여래시진어자실
卽 非 衆 生 須 菩 提 如 來 是 眞 語 者 實

어자여어자불광어자불이어자수
語 者 如 語 者 不 誑 語 者 不 異 語 者 須

보리여래소득법차법무실무허수
菩 提 如 來 所 得 法 此 法 無 實 無 虛 須

보리약보살심주어법이행보시여
菩 提 若 菩 薩 心 住 於 法 而 行 布 施 如

인입암즉무소견약보살심부주법
人 入 闇 卽 無 所 見 若 菩 薩 心 不 住 法

이행보시여인유목일광명조견종
而 行 布 施 如 人 有 目 日 光 明 照 見 種

종색수보리당래지세약유선남자
種 色 須 菩 提 當 來 之 世 若 有 善 男 子

29

한 보살이 있어서, 능히 이 경을 받아 지니며 읽고 외우면, 곧 여래께서 부처님 지혜로써 이 사람들을 다 아시고, 이 사람들을 다 보서서, 모두가 한량없고 끝이 없는 공덕을 성취케 하시느니라."

지경공덕분 제 십오

"수보리야, 만약에 선남자 선여인, 즉 착한 보살들이 있어서, 아침에 갠지스강 모래의 숫자만큼 몸을 바처 보시하고, 낮에도 갠지스강 모래의 숫자만큼 몸을 바처 보시하고,

선 여 인 능 어 차 경 수 지 독 송 즉 위 여
善 女 人 能 於 此 經 受 持 讀 誦 卽 爲 如

래 이 불 지 혜 실 지 시 인 실 견 시 인 개
來 以 佛 智 慧 悉 知 是 人 悉 見 是 人 皆

득 성 취 무 량 무 변 공 덕
得 成 就 無 量 無 邊 功 德

持經功德分 第十五

수 보 리 약 유 선 남 자 선 여 인 초 일 분
須 菩 提 若 有 善 男 子 善 女 人 初 日 分

이 항 하 사 등 신 보 시 중 일 분 부 이 항
以 恒 河 沙 等 身 布 施 中 日 分 復 以 恒

하 사 등 신 보 시 후 일 분 역 이 항 하 사
河 沙 等 身 布 施 後 日 分 亦 以 恒 河 沙

저녁에도 또한 갠지스강의 모래 수만큼의 숫자로 몸을 바쳐 보시를 하는데, 이렇게 하여 한량없는 백천만억 겁의 세월 동안 몸으로 보시하더라도, 만약 또 어떤 사람이 있어서, 이 금강경 법문을 듣고, 믿는 마음으로 거역하지만 않는다면, 그 복덕이 몸을 바쳐 보시하는 것보다 훨씬 수승하거늘, 하물며 경전 내용을 사경 하고, 받아 지녀 읽고 외우며, 다른 사람을 위해 설명해 주는 것들에 있어서랴? 수보리야, 중요한 것을 말하건대 이 경에는 생각할 수도 없고, 그 양을 말로 할 수도 없는, 끝이 없는 공덕이 있느니라. 여래께서는 대승의 마음을 낸 이를 위하여 이 경을 설하셨으며, 가장 높은 마음을 낸 이를 위하여 이 경을 설하셨느니라. 만약에 어떤 사람이 있어, 이

등신보시여시무량백천만억겁이
等 身 布 施 如 是 無 量 百 千 萬 億 劫 以

신보시약부유인문차경전신심불
身 布 施 若 復 有 人 聞 此 經 典 信 心 不

역기복승피하황서사수지독송위
逆 其 福 勝 彼 何 況 書 寫 受 持 讀 誦 爲

인해설수보리이요언지시경유블
人 解 說 須 菩 提 以 要 言 之 是 經 有 不

가사의불가칭량무변공덕여래위
可 思 議 不 可 稱 量 無 邊 功 德 如 來 爲

발대승자설위발최상승자설약유
發 大 乘 者 說 爲 發 最 上 乘 者 說 若 有

인능수지독송광위인설여래실지
人 能 受 持 讀 誦 廣 爲 人 說 如 來 悉 知

경전을 받아 지녀 읽고 외우며,
여러 사람들에게 말하여 주면,
여래께서 이 사람들을 다 아시
고, 이 사람들을 다 보서서, 모두
가 한량없고 일컬을 수도 없으
며 끝도 없는, 가히 생각할 수 없
는 공덕을 성취케 하시느니라.
이와 같은 사람들은 곧 여래의
아뇩다라삼먁삼보리, 즉 부처님
세계 건설을 책임질 것이니라.
왜냐하면 수보리야, 소승법을 즐
기는 자는 아상·인상·중생
상·수자상의 소견에 집착하므
로, 이 경을 알아들을 수도 없고,
받아 지녀 읽고 외울 수도 없으
며, 다른 사람을 위해 설명하여
줄 수도 없기 때문이니라.
수보리야, 어디든지 이 경이 있
으면 온 세계의 하늘사람·

시인실견시인개득성취불가량불
是人悉見是人皆得成就不可量不

가칭무유변불가사의공덕여시인
可稱無有邊不可思議功德如是人

등즉위하담여래아뇩다라삼먁삼
等即爲荷擔如來阿耨多羅三藐三

보리하이고수보리약요소법자착
菩提何以故須菩提若樂小法者著

아견인견중생견수자견즉어차경
我見人見眾生見壽者見即於此經

불능청수독송위인해설수보리재
不能聽受讀誦爲人解說須菩提在

재처처약유차경일체세간천인아
在處處若有此經一切世間天人阿

인간·아수라들이 응당 공양을 올리리니, 마땅히 알아라. 이곳은 부처님의 탑과 같으므로, 모두가 응당 공경스럽게 예를 올리며, 주위를 돌면서 온갖 꽃과 향을 그곳에 뿌리리라."

능정업장분 제 십육

"또한 수보리야, 선남자 선여인이 이 금강경을 받아 지니며 읽고 외우는데도 만약 남에게 업신여김을 당한다면, 이 사람은 전생에 지은 죄업으로 마땅히 악도에 떨어져야 하지만, 금생의 사람들이 업신여김으로써 전생의 죄업이

수라소응공양당지차처즉위시탑

修羅所應供養當知此處即爲是塔

개응공경작례위요이제화향이산

皆應恭敬作禮圍繞以諸華香而散

기처

其處

能淨業障分 第十六

부차수보리선남자선여인수지독

復次須菩提善男子善女人受持讀

송차경약위인경천시인선세죄업

誦此經若爲人輕賤是人先世罪業

응타악도이금세인경천고선세죄

應墮惡道以今世人輕賤故先世罪

모두 소멸되고 마땅히 아뇩다라
삼먁삼보리를 얻을 것이니라.

수보리야, 내가 과거 한량없는
아승지 겁을 생각해 보니, 연등
부처님을 뵙기 전에 팔백사천만
억 나유타의 여러 부처님을 만
나 모두 다 공양 올리고 받들어
섬겼으며, 헛되이 지냄이 없었
느니라.

만약에 또 어떤 사람이 있어, 이
다음 말법 세상에서 능히 이 경
을 받아 지니며 읽고 외우면, 그
얻는 공덕은 내가 여러 부처님
께 공양한 공덕으로는 백 분의
일, 백천만억 분의 일에도 미치
지 못할 뿐만 아니라, 헤아림이
나 비유로는 능히 미치지 못하
느니라."

업 즉 위 소 멸 당 득 아 뇩 다 라 삼 먁 삼
業 卽 爲 消 滅 當 得 阿 耨 多 羅 三 藐 三

보 리 수 보 리 아 념 과 거 무 량 아 승 지
菩 提 須 菩 提 我 念 過 去 無 量 阿 僧 祇

겁 어 연 등 불 전 득 치 팔 백 사 천 만 억
劫 於 燃 燈 佛 前 得 値 八 百 四 千 萬 億

나 유 타 제 불 실 개 공 양 승 사 무 공 과
那 由 他 諸 佛 悉 皆 供 養 承 事 無 空 過

자 약 부 유 인 어 후 말 세 능 수 지 독 송
者 若 復 有 人 於 後 末 世 能 受 持 讀 誦

차 경 소 득 공 덕 어 아 소 공 양 제 불 공
此 經 所 得 功 德 於 我 所 供 養 諸 佛 功

덕 백 분 불 급 일 천 만 억 분 내 지 산 수
德 百 分 不 及 一 千 萬 億 分 乃 至 算 數

"수보리야, 만약 선남자 선여인이 이 다음 말법 세상에서 이 경을 받아 지니며 읽고 외워서 얻는 공덕을 내가 다 갖추어 말한다면, 혹 어떤 사람은 마음이 몹시 산란하여 의심하고 믿지 아니하리라.

수보리야, 마땅히 알아라. 이 경은 뜻도 가히 생각할 수 없고, 과보도 또한 가히 생각할 수 없느니라."

구경무아분 제 십칠

그때 수보리가 부처님께 사뢰었습니다.

비유소불능급수보리약선남자선
譬 喩 所 不 能 及 須 菩 提 若 善 男 子 善

여인어후말세유수지독송차경소
女 人 於 後 末 世 有 受 持 讀 誦 此 經 所

득공덕아약구설자혹유인문심즉
得 功 德 我 若 具 說 者 或 有 人 聞 心 卽

광난호의불신수보리당지시경의
狂 亂 狐 疑 不 信 須 菩 提 當 知 是 經 義

불가사의과보역불가사의
不 可 思 議 果 報 亦 不 可 思 議

究竟無我分 第十七

이시수보리백불언세존선남자선
爾 時 須 菩 提 白 佛 言 世 尊 善 男 子 善

35

"세존이시여, 선남자 선여인이 아뇩다라삼먁삼보리심을 내고는 어떻게 머물러야 하며, 어떻게 그 마음을 항복 받아야 겠습니까?"

부처님께서 수보리에게 이르시었습니다.

"만약에 선남자 선여인이 아뇩다라삼먁삼보리심을 내었거든, 마땅히 이러한 마음, 즉 '내가 응당 일체중생을 멸도하리라'라는 마음을 낼지니라. '일체중생을 멸도한다'라고는 하지만 실지로는 한 중생도 멸도될 이가 없느니라. 왜냐하면 수보리야, 만약에 보살이 아상·인상·중생상·수자상이 있으면 보살이 아니기 때문이니라."

여인발아뇩다라삼먁삼보리심운
女人發阿耨多羅三藐三菩提心云

하응주운하항복기심불고수보리
何應住云何降伏其心佛告須菩提

약선남자선여인발아뇩다라삼먁
若善男子善女人發阿耨多羅三藐

삼보리심자당생여시심아응멸도
三菩提心者當生如是心我應滅度

일체중생멸도일체중생이이무유
一切眾生滅度一切眾生已而無有

일중생실멸도자하이고수보리약
一眾生實滅度者何以故須菩提若

보살유아상인상중생상수자상즉
菩薩有我相人相眾生相壽者相卽

36

"어떤 연유인고 하면 수보리야, 실지로 법이 있어서 아뇩다라삼먁삼보리심을 발한 것이 아닌 까닭이니라.

수보리야, 어떻게 생각하느냐? 여래께서 연등불 처소에서 법이 있어 아뇩다라삼먁삼보리를 얻으셨느냐?"

"아닙니다, 세존이시여. 제가 부처님께서 설하신 말씀의 뜻을 이해하기로는, 부처님께서는 연등불 처소에서 법이 있어 아뇩다라삼먁삼보리를 얻으신 것이 아닙니다."

부처님께서 말씀하셨습니다.

"그러하니라, 그러하니라. 수보리야, 실지로 법이 있어서 여래께서 아뇩다라삼먁삼보리를 얻으신 것이 아니니라."

비 보 살 소 이 자 하 수 보 리 실 무 유 법
非 菩 薩 所 以 者 何 須 菩 提 實 無 有 法

발 아 뇩 다 라 삼 먁 삼 보 리 심 자 수 보
發 阿 耨 多 羅 三 藐 三 菩 提 心 者 須 菩

리 어 의 운 하 여 래 어 연 등 불 소 유 법
提 於 意 云 何 如 來 於 燃 燈 佛 所 有 法

득 아 뇩 다 라 삼 먁 삼 보 리 부 불 야 세
得 阿 耨 多 羅 三 藐 三 菩 提 不 不 也 世

존 여 아 해 불 소 설 의 불 어 연 등 불 소
尊 如 我 解 佛 所 說 義 佛 於 燃 燈 佛 所

무 유 법 득 아 뇩 다 라 삼 먁 삼 보 리 불
無 有 法 得 阿 耨 多 羅 三 藐 三 菩 提 佛

언 여 시 여 시 수 보 리 실 무 유 법 여 래
言 如 是 如 是 須 菩 提 實 無 有 法 如 來

37

"수보리야, 만일 '법이 있어서 여래께서 아뇩다라삼먁삼보리를 얻으셨다'라고 한다면, 연등 부처님께서 곧 나에게 수기를 주시면서, '너는 내세에 마땅히 부처를 이루리니, 호를 석가모니라 하리라'라고 하시지 않았으려니와, 실지로 법이 있어서 아뇩다라삼먁삼보리를 얻은 것이 아니니라. 그러한 까닭으로 연등 부처님께서 나에게 수기를 주시면서 말씀하시되, '너는 내세에 마땅히 부처를 이루리니, 호를 석가모니라 하리라'라고 하셨느니라."

得 阿 耨 多 羅 三 藐 三 菩 提 須 菩 提 若
득 아 뇩 다 라 삼 먁 삼 보 리 수 보 리 약

有 法 如 來 得 阿 耨 多 羅 三 藐 三 菩 提
유 법 여 래 득 아 뇩 다 라 삼 먁 삼 보 리

者 燃 燈 佛 卽 不 與 我 授 記 汝 於 來 世
자 연 등 불 즉 불 여 아 수 기 여 어 내 세

當 得 作 佛 號 釋 迦 牟 尼 以 實 無 有 法
당 득 작 불 호 석 가 모 니 이 실 무 유 법

得 阿 耨 多 羅 三 藐 三 菩 提 是 故 燃 燈
득 아 뇩 다 라 삼 먁 삼 보 리 시 고 연 등

佛 與 我 授 記 作 是 言 汝 於 來 世 當 得
불 여 아 수 기 작 시 언 여 어 내 세 당 득

作 佛 號 釋 迦 牟 尼 何 以 故 如 來 者 卽
작 불 호 석 가 모 니 하 이 고 여 래 자 즉

"왜냐하면 '여래'라 함은, 곧 '모든 법에 여여하다'라는 뜻이기 때문이니라. 만약에 어떤 사람이 있어, '여래께서 아뇩다라삼먁삼보리를 얻으셨다'라고 말하더라도, 수보리야 실지로 법이 있어 부처님께서 아뇩다라삼먁삼보리를 얻으신 것이 아니니라. 수보리야, 여래께서 얻으신 바 아뇩다라삼먁삼보리 가운데는 실다움도 없고 헛됨도 없느니라. 그러한 까닭으로 여래께서 설하시되, '일체 모든 법이 다 부처님 법'이라고 하셨느니라. 수보리야, 말한 바 '일체 모든 법'이란, 곧 일체 모든 법이 아니니라. 그러한 까닭에 이름을 '일체 모든 법'이라 하느니라.

수보리야, 비유하건대 '사람의 몸이 크다'라고 하는 것과 같은 것이니라."

제법여의약유인언여래득아뇩다
諸 法 如 義 若 有 人 言 如 來 得 阿 耨 多

라삼먁삼보리수보리실무유법불
羅 三 藐 三 菩 提 須 菩 提 實 無 有 法 佛

득아뇩다라삼먁삼보리수보리여
得 阿 耨 多 羅 三 藐 三 菩 提 須 菩 提 如

래소득아뇩다라삼먁삼보리어시
來 所 得 阿 耨 多 羅 三 藐 三 菩 提 於 是

중무실무허시고여래설일체법개
中 無 實 無 虛 是 故 如 來 說 一 切 法 皆

시불법수보리소언일체법자즉비
是 佛 法 須 菩 提 所 言 一 切 法 者 卽 非

일체법시고명일체법수보리비여
一 切 法 是 故 名 一 切 法 須 菩 提 譬 如

수보리가 말씀드렸습니다.

"세존이시여, 여래께서 설하신, '사람의 몸이 크다' 라는 것은 곧 큰 몸이 아니라 그 이름이 '큰 몸' 인 것입니다."

"수보리야, '보살' 도 또한 이와 같아서, 만약에 이런 말을 하되, '내가 마땅히 한량없는 중생을 멸도하리라' 라고 한다면, '보살' 이라 이름할 수 없느니라. 왜냐하면 수보리야, 실지로 '보살' 이라고 이름할 것이 없기 때문이니라. 그러한 까닭으로 부처님께서 설하시되, '일체 모든 법이란 아도 없고, 인도 없고, 중생도 없으며, 수자도 없다' 라고 하셨느니라. 수보리야, 만약에 어떤 보살이 이런 말을 하되, '내가 마땅히 불국토를 장엄하리라' 라고 한다면, 이는 '보살' 이라 이름할 수 없느니라."

인 신 장 대 수 보 리 언 세 존 여 래 설 인
人 身 長 大 須 菩 提 言 世 尊 如 來 說 人

신 장 대 즉 위 비 대 신 시 명 대 신 수 보
身 長 大 卽 爲 非 大 身 是 名 大 身 須 菩

리 보 살 역 여 시 약 작 시 언 아 당 멸 도
提 菩 薩 亦 如 是 若 作 是 言 我 當 滅 度

무 량 중 생 즉 불 명 보 살 하 이 고 수 보
無 量 衆 生 卽 不 名 菩 薩 何 以 故 須 菩

리 실 무 유 법 명 위 보 살 시 고 불 설 일
提 實 無 有 法 名 爲 菩 薩 是 故 佛 說 一

체 법 무 아 무 인 무 중 생 무 수 자 수 보
切 法 無 我 無 人 無 衆 生 無 壽 者 須 菩

리 약 보 살 작 시 언 아 당 장 엄 불 토 시
提 若 菩 薩 作 是 言 我 當 莊 嚴 佛 土 是

"왜냐하면 여래께서 설하신 '불
국토를 장엄한다' 라는 것은 곧
장엄이 아니라 그 이름이 '장엄'
이기 때문이니라.
수보리야, 만일 보살이 '무아의
법을 통달한 자' 이면, 여래께서
는 이를 '참다운 보살' 이라 이름
하시느니라."

일체동관분 제 십팔

"수보리야, 어떻게 생각하느냐?
여래께서는 육안이 있으시냐?"
"그러하옵니다, 세존이시여. 여
래께서는 육안이 있으십니다."

불 명 보 살 하 이 고 여 래 설 장 엄 불 도
不　名　菩　薩　何　以　故　如　來　說　莊　嚴　佛　土

자 즉 비 장 엄 시 명 장 엄 수 보 리 약 보
者　卽　非　莊　嚴　是　名　莊　嚴　須　菩　提　若　菩

살 통 달 무 아 법 자 여 래 설 명 진 시 보
薩　通　達　無　我　法　者　如　來　說　名　眞　是　菩

살
薩

一體同觀分 第十八

수 보 리 어 의 운 하 여 래 유 육 안 부 여
須　菩　提　於　意　云　何　如　來　有　肉　眼　不　如

시 세 존 여 래 유 육 안 수 보 리 어 의 운
是　世　尊　如　來　有　肉　眼　須　菩　提　於　意　云

41

"수보리야, 어떻게 생각하느냐? 여래께서는 천안이 있으시냐?"

"그러하옵니다, 세존이시여. 여래께서는 천안이 있습니다."

"수보리야, 어떻게 생각하느냐? 여래께서는 혜안이 있으시냐?"

"그러하옵니다, 세존이시여. 여래께서는 혜안이 있으십니다."

"수보리야, 어떻게 생각하느냐? 여래께서는 법안이 있으시냐?"

"그러하옵니다, 세존이시여. 여래께서는 법안이 있으십니다."

"수보리야, 어떻게 생각하느냐? 여래께서는 불안이 있으시냐?"

"그러하옵니다, 세존이시여. 여래께서는 불안이 있으십니다."

"수보리야, 어떻게 생각하느냐? '저 갠지스강 가운데 있는 모래와 같이'라고 하면서, 내가 '모래'를 말한 적이 있느냐?"

.

하여래유천안부여시세존여래유
何如來有天眼不如是世尊如來有

천안수보리어의운하여래유혜안
天眼須菩提於意云何如來有慧眼

부여시세존여래유혜안수보리어
不如是世尊如來有慧眼須菩提於

의운하여래유법안부여시세존여
意云何如來有法眼不如是世尊如

래유법안수보리어의운하여래유
來有法眼須菩提於意云何如來有

불안부여시세존여래유불안수보
佛眼不如是世尊如來有佛眼須菩

리어의운하여항하중소유사불설
提於意云何如恒河中所有沙佛說

"그러하옵니다, 세존이시여. 모래를 말씀한 적이 있으십니다."

"수보리야, 어떻게 생각하느냐? 저 한 갠지스강에 있는 모래의 숫자와 같이 그렇게 많은 수의 갠지스강이 있고, 그 모든 갠지스강에 있는 바 그 모래의 숫자만큼 부처님 세계가 있다면, 그 수가 많지 않겠느냐?"

"대단히 많겠습니다, 세존이시여."

부처님께서 수보리에게 이르시었습니다.

"저 국토 가운데 있는 중생의 가지가지 종류의 마음을 여래께서는 다 아시느니라. 왜냐하면 여래께서 설하신, 모든 '마음'은 모두 마음이 아니라 그 이름이 '마음'이기 때문이니라."

시 사 부 여 시 세 존 여 래 설 시 사 수 보
是 沙 不 如 是 世 尊 如 來 說 是 沙 須 菩

리 어 의 운 하 여 일 항 하 중 소 유 사 유
提 於 意 云 何 如 一 恒 河 中 所 有 沙 有

여 시 사 등 항 하 시 제 항 하 소 유 사 수
如 是 沙 等 恒 河 是 諸 恒 河 所 有 沙 數

불 세 계 여 시 영 위 다 부 심 다 세 존 불
佛 世 界 如 是 寧 爲 多 不 甚 多 世 尊 佛

고 수 보 리 이 소 국 토 중 소 유 중 생 약
告 須 菩 提 爾 所 國 土 中 所 有 衆 生 若

간 종 심 여 래 실 지 하 이 고 여 래 설 제
干 種 心 如 來 悉 知 何 以 故 如 來 說 諸

심 개 위 비 심 시 명 위 심 소 이 자 하 수
心 皆 爲 非 心 是 名 爲 心 所 以 者 何 須

"어떤 연유인고 하면 수보리야, 과거의 마음도 얻을 수 없고, 현재의 마음도 얻을 수 없으며, 미래의 마음도 얻을 수 없는 까닭이니라."

법계통화분 제 십구

"수보리야, 어떻게 생각하느냐? 만약에 어떤 사람이 있어, 삼천 대천세계에 칠보를 가득히 채워서 보시한다면, 이 사람은 이 인연으로 복을 많이 얻겠느냐?" "그렇습니다, 세존이시여. 그 사람은 이 인연으로 복을 대단히 많이 얻겠습니다."

보리 과 거 심 불 가 득 현 재 심 불 가 득
菩 提 過 去 心 不 可 得 現 在 心 不 可 得

미 래 심 불 가 득
未 來 心 不 可 得

法界通化分 第十九

수 보 리 어 의 운 하 약 유 인 만 삼 천 대
須 菩 提 於 意 云 何 若 有 人 滿 三 千 大

천 세 계 칠 보 이 용 보 시 시 인 이 시 인
千 世 界 七 寶 以 用 布 施 是 人 以 是 因

연 득 복 다 부 여 시 세 존 차 인 이 시 인
緣 得 福 多 不 如 是 世 尊 此 人 以 是 因

연 득 복 심 다 수 보 리 약 복 덕 유 실 여
緣 得 福 甚 多 須 菩 提 若 福 德 有 實 如

"수보리야, 만약 복덕이 실다움이 있을진댄 여래께서 '복덕을 얻음이 많다' 라고 말씀하지 않으시련만, 복덕이 없는 까닭에 여래께서는 '복덕을 얻음이 많다' 라고 말씀하시느니라."

래 불 설 득 복 덕 다 이 복 덕 무 고 여 래
來　不　說　得　福　德　多　以　福　德　無　故　如　來

설 득 복 덕 다
說　得　福　德　多

이색이상분 제 이십

"수보리야, 어떻게 생각하느냐? 부처님을 구족한 색신으로써 볼 수 있겠느냐?"

"볼 수 없습니다, 세존이시여. 여래를 구족한 색신으로써 볼 수 없습니다. 왜냐하면 여래께서 설하신 '구족한 색신' 은 곧 구족한 색신이 아니라 그 이름이 '구족한 색신' 이기 때문입니다."

離色離相分 第二十

수 보 리 어 의 운 하 불 가 이 구 족 색 신
須　菩　提　於　意　云　何　佛　可　以　具　足　色　身

견 부 불 야 세 존 여 래 불 응 이 구 족 색
見　不　不　也　世　尊　如　來　不　應　以　具　足　色

신 견 하 이 고 여 래 설 구 족 색 신 즉 비
身　見　何　以　故　如　來　說　具　足　色　身　即　非

구 족 색 신 시 명 구 족 색 신 수 보 리 어
具　足　色　身　是　名　具　足　色　身　須　菩　提　於

"수보리야, 어떻게 생각하느냐? 여래를 모든 상이 구족한 것으로써 볼 수 있겠느냐?"

"볼 수 없습니다, 세존이시여. 여래를 '모든 상이 구족한 것'으로써 볼 수 없습니다. 왜냐하면 여래께서 설하신 '모든 상의 구족함'은 곧 구족이 아니라 그 이름이 '모든 상의 구족함'이기 때문입니다."

비설소설분 제 이십일

"수보리야, 너는 여래께서 이런 생각, 즉 '내가 마땅히 설한 바 법이 있다'라는 생각을 하신다고 말하지 말라. 이러한 생각을 짓지 말지니, 왜냐하면 만약에 어떤 사람이

의 운 하 여 래 가 이 구 족 제 상 견 부 불
意 云 何 如 來 可 以 具 足 諸 相 見 不 不

야 세 존 여 래 불 응 이 구 족 제 상 견 하
也 世 尊 如 來 不 應 以 具 足 諸 相 見 何

이 고 여 래 설 제 상 구 족 즉 비 구 족 시
以 故 如 來 說 諸 相 具 足 卽 非 具 足 是

명 제 상 구 족
名 諸 相 具 足

非說所說分 第二十一

수 보 리 여 물 위 여 래 작 시 념 아 당 유
須 菩 提 汝 勿 謂 如 來 作 是 念 我 當 有

소 설 법 막 작 시 념 하 이 고 약 인 언 여
所 說 法 莫 作 是 念 何 以 故 若 人 言 如

46

'여래께서 설하신 바 법이 있다'
라고 말한다면, 이는 곧 부처님
을 비방하는 것이 되기 때문이니
라. 능히 내가 설한 바를 이해하
지 못한 까닭이니라.

수보리야, 설법이라는 것은 '법
을 가히 설할 것이 없음'을 이름
하여 '설법'이라 하느니라."

그때 혜명 수보리가 부처님께 말
씀드렸습니다.

"세존이시여, 자못 어떤 중생이
미래세에 이 법 설하시는 것을
듣고, 믿는 마음을 내겠습니까?'
부처님께서 말씀하셨습니다.

"저들은 '중생'이 아니며 '중생
아님'도 아니니라. 왜냐하면 수
보리야, 중생을 '중생'이라 한
것은 여래께서 설하시되, 중생이
아니라 그 이름이 '중생'이라 하
셨기 때문이니라."

래 유 소 설 법 즉 위 방 불 불 능 해 아 소
來 有 所 說 法 卽 爲 謗 佛 不 能 解 我 所

설 고 수 보 리 설 법 자 무 법 가 설 시 명
說 故 須 菩 提 說 法 者 無 法 可 說 是 名

설 법 이 시 혜 명 수 보 리 백 불 언 세 존
說 法 爾 時 慧 命 須 菩 提 白 佛 言 世 尊

파 유 중 생 어 미 래 세 문 설 시 법 생 신
頗 有 衆 生 於 未 來 世 聞 說 是 法 生 信

심 부 불 언 수 보 리 피 비 중 생 비 불 중
心 不 佛 言 須 菩 提 彼 非 衆 生 非 不 衆

생 하 이 고 수 보 리 중 생 중 생 자 여 래
生 何 以 故 須 菩 提 衆 生 衆 生 者 如 來

설 비 중 생 시 명 중 생
說 非 衆 生 是 名 衆 生

無法可得分 第二十二

수보리가 부처님께 사뢰었습니다.

"세존이시여, 부처님께서 아뇩다라삼먁삼보리를 얻으신 것은 '얻은 바 없음'이 됩니다."

부처님께서 말씀하셨습니다.

"그러하니라, 그러하니라. 수보리야, 내가 아뇩다라삼먁삼보리 내지는 작은 법이라도 가히 얻음이 없으므로, 이를 '아뇩다라삼먁삼보리'라 이름하는 것이니라."

수보리백불언세존불득아뇩다라

須菩提白佛言世尊佛得阿耨多羅

삼먁삼보리위무소득야불언여시

三藐三菩提爲無所得耶佛言如是

여시수보리아어아뇩다라삼먁삼

如是須菩提我於阿耨多羅三藐三

보리내지무유소법가득시명아뇩

菩提乃至無有少法可得是名阿耨

다라삼먁삼보리

多羅三藐三菩提

淨心行善分 第二十三

"또한 수보리야, 이 법은 평등하여 높고 낮음이 없으므로 '아뇩다라삼먁삼보리'라 이름하느니라. 아도 없고 인도 없고 중생도 없고 수자도 없이 모든 착한 법, 즉 일체 선법을 닦으면, 곧 아뇩다라삼먁삼보리를 얻느니라. 수보리야, 말한 바 '선법'이라는 것은 여래께서 설하시되, 곧 선법이 아니라 그 이름이 '선법'이라 하셨느니라."

부차수보리시법평등무유고하시
復次須菩提是法平等無有高下是

명아뇩다라삼먁삼보리이무아무
名阿耨多羅三藐三菩提以無我無

인무중생무수자수일체선법즉득
人無衆生無壽者修一切善法即得

아뇩다라삼먁삼보리수보리소언
阿耨多羅三藐三菩提須菩提所言

선법자여래설즉비선법시명선법
善法者如來說即非善法是名善法

福智無比分 第二十四

"수보리야, 만약에 삼천대천세계 가운데 있는 모든 수미산왕 만큼의 칠보 무더기들을 누군가가 가져다 보시하더라도, 만약 어떤 사람이 이 반야바라밀경 내지는 네 구절의 게송 등을 받아지니며, 읽고 외워서 다른 사람을 위해 말해주는 것에 비하면, 그 복덕은 백 분의 일, 백천만억 분의 일에도 미치지 못할 뿐만 아니라, 헤아림이나 비유로는 능히 미치지 못하느니라."

수보리약삼천대천세계중소유제
須菩提若三千大千世界中所有諸

수미산왕여시등칠보취유인지용
須彌山王如是等七寶聚有人持用

보시약인이차반야바라밀경내지
布施若人以此般若波羅蜜經乃至

사구게등수지독송위타인설어전
四句偈等受持讀誦爲他人說於前

복덕백분불급일백천만억분내지
福德百分不及一百千萬億分乃至

산수비유소불능급
算數譬喻所不能及

50

化無所化分 第二十五

"수보리야, 어떻게 생각하느냐?
너희들은 여래께서 이런 생각,
즉 '내가 마땅히 중생을 제도한
다' 라는 생각을 하신다고 말하
지 말라.

수보리야, 이러한 생각은 짓지
말지니, 왜냐하면 실지로는 여래
께서 제도할 중생이 없기 때문이
니라. 만약에 여래께서 '제도할
중생이 있다' 라고 하신다면, 여
래는 곧 '아와 인과 중생과 수자
가 있는 것' 이 되느니라.

수보리야, 여래께서 설하신, '아
(我)가 있다' 라고 하는 것은 곧
아가 있음이 아니거늘, 범부들이
'아가 있다' 라고 여기는 것이니
라. 수보리야,

수보리어의운하여등물위여래작
須 菩 提 於 意 云 何 汝 等 勿 謂 如 來 作

시념아당도중생수보리막작시념
是 念 我 當 度 衆 生 須 菩 提 莫 作 是 念

하이고실무유중생여래도자약유
何 以 故 實 無 有 衆 生 如 來 度 者 若 有

중생여래도자여래즉유아인중생
衆 生 如 來 度 者 如 來 卽 有 我 人 衆 生

수자수보리여래설유아자즉비유
壽 者 須 菩 提 如 來 說 有 我 者 卽 非 有

아이범부지인이위유아수보리범
我 而 凡 夫 之 人 以 爲 有 我 須 菩 提 凡

51

'범부'라는 것도 여래께서 설하시되, 곧 범부가 아니라 그 이름이 '범부'라 하셨느니라."

부 자 여 래 설 즉 비 범 부 시 명 범 부
夫 者 如 來 說 卽 非 凡 夫 是 名 凡 夫

법신비상분 제 이십육

法身非相分 第二十六

"수보리야, 어떻게 생각하느냐? 32상으로써 여래를 볼 수 있겠느냐?"

수보리가 말씀드렸습니다.

"예, 그렇습니다. 32상으로써 여래를 볼 수 있습니다."

부처님께서 말씀하셨습니다.

"수보리야, 만일 '32상으로 여래를 본다'라고 하면, 전륜성왕도 곧 여래이리라."

수보리가 부처님께 사뢰었습니다.

"세존이시여, 제가 부처님께서 설하신 말씀의 뜻을 이해하기로는

수 보 리 어 의 운 하 가 이 삼 십 이 상 관
須 菩 提 於 意 云 何 可 以 三 十 二 相 觀

여 래 부 수 보 리 언 여 시 여 시 이 삼 십
如 來 不 須 菩 提 言 如 是 如 是 以 三 十

이 상 관 여 래 불 언 수 보 리 약 이 삼 십
二 相 觀 如 來 佛 言 須 菩 提 若 以 三 十

이 상 관 여 래 자 전 륜 성 왕 즉 시 여 래
二 相 觀 如 來 者 轉 輪 聖 王 卽 是 如 來

수 보 리 백 불 언 세 존 여 아 해 불 소 설
須 菩 提 白 佛 言 世 尊 如 我 解 佛 所 說

응당 32상으로써 여래를 볼 수 없습니다."

그때 세존께서 게송으로 말씀하셨습니다.

"만약 형색으로써 나를 보거나 소리로써 나를 구하면, 그 사람은 삿된 도를 행함이니, 능히 여래를 보지 못하리라."

무단무멸분 제 이십칠

"수보리야, 네가 만일 이런 생각을 하되, '여래께서는 구족한 상을 쓰시지 않은 까닭으로 아뇩다라삼먁삼보리를 얻으셨다' 라고 한다면, 수보리야 '여래께서는 구족한 상을 쓰시지 않은 까닭으로

의 불 응 이 삼 십 이 상 관 여 래 이 시 세
義 不 應 以 三 十 二 相 觀 如 來 爾 時 世

존 이 설 게 언 약 이 색 견 아 이 음 성 구
尊 而 說 偈 言 若 以 色 見 我 以 音 聲 求

아 시 인 행 사 도 불 능 견 여 래
我 是 人 行 邪 道 不 能 見 如 來

無斷無滅分 第二十七

수 보 리 여 약 작 시 념 여 래 불 이 구 족
須 菩 提 汝 若 作 是 念 如 來 不 以 具 足

상 고 득 아 뇩 다 라 삼 먁 삼 보 리 수 보
相 故 得 阿 耨 多 羅 三 藐 三 菩 提 須 菩

리 막 작 시 념 여 래 불 이 구 족 상 고 득
提 莫 作 是 念 如 來 不 以 具 足 相 故 得

53

아뇩다라삼먁삼보리를 얻으셨
다'라는 생각을 짓지 마라.
수보리야, 네가 만일 이런 생각
을 하되, '아뇩다라삼먁삼보리
심을 발한 사람은 모든 법이 단
멸했다고 말한다'라고 한다면,
이런 생각도 짓지 말지니, 왜냐
하면 아뇩다라삼먁삼보리심을
발한 사람은 법에 있어서 단멸상
을 말하지 않기 때문이니라."

불수불탐분 제 이십팔

"수보리야, 만약에 보살이 갠지
스강 모래 수만큼의 세계에 칠보
를 가득히 채워서 보시에 쓴다고
하더라도,

아뇩다라삼먁삼보리수보리여약
阿耨多羅三藐三菩提須菩提汝若

작시념발아뇩다라삼먁삼보리심
作是念發阿耨多羅三藐三菩提心

자설제법단멸막작시념하이고발
者說諸法斷滅莫作是念何以故發

아뇩다라삼먁삼보리심자어법불
阿耨多羅三藐三菩提心者於法不

설단멸상
說斷滅相

不受不貪分 第二十八

수보리약보살이만항하사등세계
須菩提若菩薩以滿恒河沙等世界

54

만일 어떤 사람이 있어, '일체법이 아(我)가 없음'을 알아서, 지혜(忍)를 얻어 이루면, 이 보살은 앞의 보살이 얻은 바 공덕보다 수승하리라. 왜냐하면 수보리야, 이 모든 보살은 복덕을 받지 않는 까닭이니라."

수보리가 부처님께 사뢰었습니다.

"세존이시여, 어찌하여 보살이 복덕을 받지 않습니까?"

"수보리야, 보살은 지은 바 복덕에 탐착하지 않느니라. 그러한 까닭으로 '복덕을 받지 않는다'라고 하느니라."

칠 보 지 용 보 시 약 부 유 인 지 일 체 법
七 寶 持 用 布 施 若 復 有 人 知 一 切 法

무 아 득 성 어 인 차 보 살 승 전 보 살 소
無 我 得 成 於 忍 此 菩 薩 勝 前 菩 薩 所

득 공 덕 하 이 고 수 보 리 이 제 보 살 블
得 功 德 何 以 故 須 菩 提 以 諸 菩 薩 不

수 복 덕 고 수 보 리 백 블 언 세 존 운 하
受 福 德 故 須 菩 提 白 佛 言 世 尊 云 何

보 살 블 수 복 덕 수 보 리 보 살 소 작 복
菩 薩 不 受 福 德 須 菩 提 菩 薩 所 作 福

덕 블 응 탐 착 시 고 설 블 수 복 덕
德 不 應 貪 着 是 故 說 不 受 福 德

"수보리야, 만약에 어떤 사람이 있어서, '여래께서는 오시기도 하고, 가시기도 하며, 앉으시기도 하고, 누우시기도 한다' 라고 말한다면, 이 사람은 내가 설한 바 뜻을 이해하지 못함이니라. 왜냐하면 여래란 어디로부터 온 바도 없으며 또한 가는 바도 없는 까닭에 '여래' 라 이름하기 때문이니라."

일합이상분 제 삼십

"수보리야, 만약에 선남자 선여인이 삼천대천세계를 부수어서

威儀寂靜分 第二十九

수보리약유인언여래약래약거약
須 菩 提 若 有 人 言 如 來 若 來 若 去 若

좌약와시인불해아소설의하이고
坐 若 臥 是 人 不 解 我 所 說 義 何 以 故

여래자무소종래역무소거고명여
如 來 者 無 所 從 來 亦 無 所 去 故 名 如

래
來

一合理相分 第三十

수보리약선남자선여인이삼천대
須 菩 提 若 善 男 子 善 女 人 以 三 千 大

작은 먼지로 만든다면, 어떻게 생각하느냐? 그 수가 많지 않겠느냐?"

수보리가 대답하였습니다.

"대단히 많겠습니다, 세존이시여. 왜냐하면 만일 이 작은 먼지들이 실지로 있는 것이라면, 부처님께서 곧 '작은 먼지들'이라고 말씀하지 않으셨을 것이기 때문입니다. 어떤 연유인고 하면, 부처님께서 설하신 '작은 먼지들'은 곧 작은 먼지들이 아니라 그 이름이 '작은 먼지들'인 까닭입니다.

세존이시여, 여래께서 설하신 바 '삼천대천세계'는 곧 세계가 아니라 그 이름이 '세계'입니다. 왜냐하면 만약에 세계가 실지로 있는 것이라면 곧 한 덩어리의 모양으로 된 것이려니와,

천 세 계 쇄 위 미 진 어 의 운 하 시 미 진
千 世 界 碎 爲 微 塵 於 意 云 何 是 微 塵

중 영 위 다 부 수 보 리 언 심 다 세 존 하
衆 寧 爲 多 不 須 菩 提 言 甚 多 世 尊 何

이 고 약 시 미 진 중 실 유 자 불 즉 불 설
以 故 若 是 微 塵 衆 實 有 者 佛 卽 不 說

시 미 진 중 소 이 자 하 불 설 미 진 중 즉
是 微 塵 衆 所 以 者 何 佛 說 微 塵 衆 卽

비 미 진 중 시 명 미 진 중 세 존 여 래 소
非 微 塵 衆 是 名 微 塵 衆 世 尊 如 來 所

설 삼 천 대 천 세 계 즉 비 세 계 시 명 세
說 三 千 大 千 世 界 卽 非 世 界 是 名 世

계 하 이 고 약 세 계 실 유 자 즉 시 일 합
界 何 以 故 若 世 界 實 有 者 卽 是 一 合

여래께서 설하신 '한 덩어리'는 한 덩어리가 아니라 그 이름이 '한 덩어리' 이기 때문입니다."

"수보리야, '한 덩어리의 모양' 이란 곧 말할 수 없거늘, 다만 범부들이 그것을 탐내고 집착하느니라."

지견불생분 제 삼십일

"수보리야, 만약에 어떤 사람이 말하기를 '부처님께서 아견·인견·중생견·수자견을 설하셨다' 라고 한다면, 어떻게 생각하느냐? 이 사람은 내가 설한 바 뜻을 이해하고 있는 것이냐?"

"아닙니다, 세존이시여. 그 사람은 여래께서 말씀하신 뜻을 이해하지 못한 것입니다."

상여래설일합상즉비일합상시명
相如來說一合相即非一合相是名

일합상수보리일합상자즉시불가
一合相須菩提一合相者即是不可

설단범부지인탐착기사
說但凡夫之人貪着其事

知見不生分 第三十一

수보리약인언불설아견인견중생
須菩提若人言佛說我見人見眾生

견수자견수보리어의운하시인해
見壽者見須菩提於意云何是人解

아소설의부불야세존시인불해여
我所說義不不也世尊是人不解如

58

"왜냐하면 세존께서 설하신 '아견·인견·중생견·수자견'은 곧 아견·인견·중생견·수자견이 아니라 그 이름이 '아견·인견·중생견·수자견'이기 때문입니다."

"수보리야, 아뇩다라삼먁삼보리심을 발한 사람은 모든 법에 대하여 마땅히 이와 같이 알고, 이와 같이 보며, 이와 같이 믿고 이해하여, '법'이라는 상을 내지 말아야 하느니라. 수보리야, 말한 바 '법상'이란 여래께서 설하시되, 곧 법상이 아니라 그 이름이 '법상'이라 하셨느니라."

래 소 설 의 하 이 고 세 존 설 아 견 인 견
來 所 說 義 何 以 故 世 尊 說 我 見 人 見

중 생 견 수 자 견 즉 비 아 견 인 견 중 생
衆 生 見 壽 者 見 即 非 我 見 人 見 衆 生

견 수 자 견 시 명 아 견 인 견 중 생 견 수
見 壽 者 見 是 名 我 見 人 見 衆 生 見 壽

자 견 수 보 리 발 아 뇩 다 라 삼 먁 삼 보
者 見 須 菩 提 發 阿 耨 多 羅 三 藐 三 菩

리 심 자 어 일 체 법 응 여 시 지 여 시 견
提 心 者 於 一 切 法 應 如 是 知 如 是 見

여 시 신 해 불 생 법 상 수 보 리 소 언 법
如 是 信 解 不 生 法 相 須 菩 提 所 言 法

상 자 여 래 설 즉 비 법 상 시 명 법 상
相 者 如 來 說 即 非 法 相 是 名 法 相

應化非眞分 第三十二

"수보리야, 만약에 어떤 사람이 있어, 한량없는 아승지 세계에 칠보를 가득히 채워서 보시에 쓴다고 할지라도, 만일 어떤 선남자 선여인이 보살심을 발한 자가 있어서, 이 금강경을 지니거나, 혹은 네 구절의 게송 등이라도 받아 지니며 읽고 외워서, 다른 사람을 위해 널리 말해주면, 그 복덕이 먼저보다 수승하리라. 다른 사람을 위해 널리 말해 줄 때는 어떻게 해야 할 것인가? 상에 집착하지 말고, 한결같이 하며, 흔들림 없이 하라."

수 보 리 약 유 인 이 만 무 량 아 승 지 세
須 菩 提 若 有 人 以 滿 無 量 阿 僧 祇 世

계 칠 보 지 용 보 시 약 유 선 남 자 선 여
界 七 寶 持 用 布 施 若 有 善 男 子 善 女

인 발 보 살 심 자 지 어 차 경 내 지 사 구
人 發 菩 薩 心 者 持 於 此 經 乃 至 四 句

게 등 수 지 독 송 위 인 연 설 기 복 승 피
偈 等 受 持 讀 誦 爲 人 演 說 其 福 勝 彼

운 하 위 인 연 설 불 취 어 상 여 여 부 동
云 何 爲 人 演 說 不 取 於 相 如 如 不 動

하 이 고
何 以 故

"왜냐하면, 일체의 '중생심이 쓰는 유위법'은 꿈과 같고, 허깨비와 같고, 물거품과 같고, 그림자와 같고, 이슬과 같고, 번개와 같기 때문이니, 마땅히 이와 같이 보아라."

부처님께서 이 금강경 설하심을 모두 마치시니, 장로인 수보리와 모든 비구·비구니와 우바새·우바이와 일체 세간의 하늘사람·인간·아수라 등이 석가모니 부처님의 법문을 듣고, 모두 다 크게 환희하며, 믿고 받아 지녀, 받들어 행하였습니다.

일체유위법 여몽환포영
一 切 有 爲 法　如 夢 幻 泡 影

여로역여전 응작여시관
如 露 亦 如 電　應 作 如 是 觀

불설시경이장로수보리급제비구
佛 說 是 經 已 長 老 須 菩 提 及 諸 比 丘

비구니우바새우바이일체세간천
比 丘 尼 優 婆 塞 優 婆 夷 一 切 世 間 天

인아수라문불소설개대환희신수
人 阿 修 羅 聞 佛 所 說 皆 大 歡 喜 信 受

봉행
奉 行

새로운 금강경 사경 노트(한자음쓰기)

2022년 2월 10일 초판1쇄 인쇄
2023년 8월 20일 초판3쇄 발행

—

편저자　　無一 우학 큰스님
펴낸곳　　도서출판 좋은인연(한국불교대학 부속출판사)
　　　　　편집 / 김현미
　　　　　교정 / 이원정(세지)
　　　　　등록 / 제4-88호
　　　　　주소 / 대구 남구 중앙대로 126
　　　　　전화 / 053-475-3707

ISBN　　979-11-92276-05-2 (03220)
　　　　　정가 7,000원

　　　　　한국불교대학 홈페이지 / **한국불교대학**
　　　　　한국불교대학 다음카페 / **불교인드라망**
　　　　　유튜브 / **한국불교대학 유튜브불교대학**
　　　　　유튜브 / **자매채널 비유디**